La di mediterranea per principianti

50 ricette facili e gustose per aiutarti a perdere peso velocemente

Francesca Suergiu

Tutti i diritti riservati.
Disclaimer

Tabella di Contenuti

INTRODUZIONE

Se stai cercando di mangiare cibi che sono migliori per il tuo cuore, inizia con questi nove ingredienti sani della cucina mediterranea.

Gli ingredienti chiave della cucina mediterranea includono olio d'oliva, frutta e verdura fresca, legumi ricchi di proteine, pesce e cereali integrali con moderate quantità di vino e carne rossa. I sapori sono ricchi e i benefici per la salute per le persone che scelgono una dieta mediterranea, una delle più sane al mondo, sono difficili da ignorare: hanno meno probabilità di sviluppare ipertensione, colesterolo alto o diventare obesi. Se stai cercando di mangiare cibi che sono migliori per il tuo cuore, inizia con questi ingredienti sani della cucina mediterranea.

1. Scremato Mediterraneo Al Forno

ingredienti

- ❖ 2 melanzane grandi
- ❖ 1 paprika grande
- ❖ 1 cipolla grande
- ❖ 1 pomodoro grande
- ❖ Sale e olio d'oliva
- ❖ Vinaigrette
- ❖ 1 cucchiaino di aceto balsamico
- ❖ 1 pizzico di sale
- ❖ qb Origano
- ❖ Pepe
- ❖ 1 cucchiaino di olio d'oliva
- ❖ 1 cucchiaio di miele

PASSI

1. Lavate le verdure, fate dei piccoli tagli nella buccia (riservate il pomodoro), cospargete di sale e olio d'oliva, infornate per 50 minuti a 180 gradi, girate, dopo 50 minuti, mettete i pomodorini per altri 20 minuti con le verdure. Spegnere e lasciare riposare.
2. Scolare i liquidi che le verdure hanno rilasciato in un recipiente e mettere da parte, privare le verdure della pelle e tagliarle a listarelle oa julienne e impiattare.
3. Per la vinaigrette prendiamo i liquidi delle verdure, aggiungiamo un pizzico di Sale, Sale, Aceto Balsamico, Miele, Pepe, Origano e mescoliamo, aggiungiamo l'olio d'oliva e bagniamo le nostre verdure arrostite; non smetterai di mangiare; lo accompagniamo con riso bianco e petto alla griglia.

2. Zuppa mediterranea

ingredienti

- ❖ 200 grammi di lumaca
- ❖ 200 grammi di gamberi
- ❖ 250 grammi di vongole con guscio
- ❖ 1 pesce bianco, in questo caso mojarra rossa
- ❖ due pomodori pelati
- ❖ 1 cipolla rossa a cubetti piccoli
- ❖ 2 denti d'aglio
- ❖ 1 ramo di sedano tritato finemente
- ❖ 1 carota tagliata a fette
- ❖ 2 cucchiai di olio d'oliva
- ❖ 3 cucchiai di salsa napoletana
- ❖ 200 grammi di spaghetti
- ❖ 4 cucchiaini di coriandolo tritato

PASSI

1. Preparare gli ingredienti, lavare le lumache, le vongole con il guscio, eliminare la testa dei gamberi e la coda e la testa del pesce e metterli a bollire per 20 minuti. Questo è il brodo che useremo come sottofondo
2. Aggiungere il sedano tritato sul fondo, tagliare a dadini la cipolla e gli spicchi d'aglio mettere l'olio in una ciotola profonda
3. Tagliare il pesce in quattro pezzi, filtrare il fondo, metterlo nel robot da cucina e frullare le teste dei gamberi, la testa e la coda del pesce e il sedano
4. Frullate per un minuto e rimettete nella pentola e mettete a fuoco basso, mescolando di tanto in tanto per evitare che si attacchi

5. Nella pentola, l'olio a temperatura, aggiungere l'aglio e la cipolla e soffriggere per 30 secondi e aggiungere il pomodoro, lasciare per 5 minuti mescolando

6. Aggiungere la salsa napoletana e cuocere per 3 minuti; aggiungere il basilico e l'origano e la carota; dopo 5 minuti, aggiungi lo sfondo

7. Mescolare bene e aggiungere dopo la prima bollitura di nuovo le lumache

8. Aggiungere un altro litro di acqua calda per non tagliare la cottura, mescolare e aggiungere i gamberi, rettificare i sapori; cioè è il momento di aggiungere il sale, sale e pepe

9. Aggiungere il pesce e poi gli spaghetti, attendere 9 minuti che la pasta sia al dente.

10. Abbassare la fiamma e decorare il piatto con le vongole e spolverare con il coriandolo.

3. Hamburger mediterranei

ingredienti

- ❖ 400 grammi di carne macinata fine con un po 'di grasso
- ❖ 1/2 peperoni
- ❖ 1 cipolla rossa
- ❖ 1 pomodoro
- ❖ 100 grammi di mozzarella

- ❖ 1 Hass avocado
- ❖ Lattuga
- ❖ Olive
- ❖ Pane pita
- ❖ Chorizo (Santarosano nel mio caso)
- ❖ 2 cucchiai di concentrato o passata di pomodoro
- ❖ qb Sale e pepe
- ❖ Cile (opzionale)

PASSI

1. Per prima cosa, la cipolla viene tagliata a rondelle e messa in acqua in modo che la spezia vada via
2. I chorizos vengono sbrogliati per questo, la trippa o la fodera vengono rimosse e mescolate alla carne
3. Il pomodoro viene pelato e tagliato a gusci spessi
4. L'avocado viene sbucciato e tagliato a scaglie
5. Arrostire la paprika sul lato del guscio fino a quando non è nera e sbucciarla, tagliarla a julienne
6. Le foglie di lattuga vengono eliminate e lavate molto bene
7. Prepara tre hamburger a persona con la carne, più o meno di 1 1/2 CM. Larghe e 4 CM di diametro, non dimenticare di fare la piega al centro in modo che non si restringano
8. Comincia a tostare la pita prima che io di solito la do a una inumidita con acqua spruzzata con la mano in modo che non si rompa
9. Mettono gli hamburger alla griglia, come è noto, girano solo una volta, e il punto è quando il sangue sta germogliando sopra, e aggiungono un tocco di SaleSale
10. Il formaggio è grattugiato

11. Gli hamburger sono capovolti
12. Con molta cura e con l'aiuto di un coltello seghettato, si aprono le focacce e si schiacciano, oppure si spalma del concentrato di pomodoro.
13. Poi gli altri ingredienti!
14. Infine il formaggio e la carne.

4. Pasta e insalata mediterranea

ingredienti

- ❖ 2 tazze di penne
- ❖ Besciamella
- ❖ Parmigiano
- ❖ 1 porzione di petto di pollo
- ❖ Lattuga croccante
- ❖ Spinaci
- ❖ Pomodori
- ❖ Cipolla Viola
- ❖ Condimento greco
- ❖ Per la besciamella
- ❖ 1 tazza di latte
- ❖ 2 denti Aglio schiacciato
- ❖ Cipolla bianca grattugiata
- ❖ 1 pizzico di farina di frumento
- ❖ 2 cucchiai di vino bianco (facoltativo)

Per il condimento

- ❖ Yogurt greco o yogurt bianco non zuccherato
- ❖ 3 denti di aglio
- ❖ Un succo di limone
- ❖ 1/2 cetriolo tagliato a quadratini
- ❖ Aneto essiccato (facoltativo)
- ❖ Amalgamate il tutto e lasciate riposare in frigo per almeno un'ora

PASSI

- ❖ Cuocere la pasta per 12 minuti e scolare.
- ❖ Per la besciamella soffriggere in una padella con olio d'oliva l'aglio e la cipolla grattugiata; quando tutto è dorato, aggiungere mezzo cucchiaino di farina e mescolare, quindi aggiungere il latte, il

sale e l'origano e mescolare, lasciare a fuoco medio / basso fino a che non sia denso.

❖ Si aggiunge alla pasta, insieme al parmigiano, si serve l'insalata e si aggiunge il condimento. Questo piatto può essere servito con pollo alla griglia.

5. Ripieno Di Pane Mediterraneo

ingredienti

- ❖ prosciutto serrano
- ❖ formaggi
- ❖ Chorizo spagnolo
- ❖ Salsa tartara, senape, maionese

PASSI

- ❖ Tagliarlo a metà e aprire entrambi i lati senza separarli. Mettere uno strato di chorizo spagnolo, spalmare generosamente con salsa tartara e senape o salse a proprio piacimento su entrambe le tapas.
- ❖ Uno strato di formaggio a scelta, mozzarella, gouda, olandese, uno strato di prosciutto serrano e coprire con l'altro coperchio. Chiudiamo e ...
- ❖ Facciamo un colpo di calore al microonde e gustiamo una prelibatezza del cielo, divina, che serve per cena, è un piatto pieno con un'insalata, serve per il pranzo.

6. Pollo alla griglia con insalata greca di quinoa

ingredienti

- ❖ 225 g di quinoa
- ❖ 25 g di burro
- ❖ 1 peperoncino rosso, privato dei semi e tritato finemente
- ❖ 1 spicchio d'aglio, schiacciato
- ❖ 400 g di mini filetti di pollo
- ❖ 1 ½ cucchiaio di olio extravergine di oliva
- ❖ 300 g di pomodoro a grappolo, tritato grossolanamente
- ❖ una manciata di olive nere di Kalamata snocciolate
- ❖ 1 cipolla rossa, affettata finemente
- ❖ 100 g di feta, sbriciolata
- ❖ mazzetto di foglie di menta tritate
- ❖ succo e scorza di ½ limone

PASSI

1. Scaldare l'olio in una casseruola, aggiungere la cipolla e cuocere per 5-10 minuti fino a renderla morbida. Aggiungere l'aglio e l'origano e cuocere per 1 min. Aggiungere i pomodori e i peperoni, condire bene e cuocere a fuoco lento per 10 min.

2. Nel frattempo, cuocere le patate in una pentola di acqua bollente salata per 10-15 minuti finché sono teneri. Scolare bene, mescolare al sugo e servire caldo, cosparso di olive e basilico.

7.Insalata di patate mediterranea.

INGREDIENTI

- ❖ 1 cucchiaio di olio d'oliva
- ❖ 1 cipolla piccola, tagliata a fettine sottili
- ❖ 1 spicchio d'aglio, distrutto
- ❖ 1 cucchiaio di origano, fresco o secco
- ❖ ½ x 400 g lattina pomodorini
- ❖ 100 g di peperoni rossi grigliati, dai barattoli, a fette
- ❖ 300 g di patate novelle, dimezzate se grandi
- ❖ Olive nere 25 g, a fette
- ❖ Foglie di basilico tenuto in mano

PASSI

1. Scaldare l'olio nella padella, aggiungere le cipolle e cuocere per 5-10 minuti fino a quando non saranno morbide. Aggiungere l'aglio e l'origano e cuocere per 1 minuto. Aggiungere i pomodori e la paprika, condire bene e cuocere a fuoco lento per 10 minuti.

2. Nel frattempo, cuocere le patate nella padella di acqua salata bollite per 10-15 minuti fino a quando sono tenere. Scolare bene, mescolare al sugo e servire caldo, cosparso di olive e basilico.

8.Courgette e peperoni ripieni di quinoa

ingredienti

- ❖ 4 peperoni rossi
- ❖ 1 zucchina, tagliata in quattro per il lungo e tagliata a fettine sottili
- ❖ 2 confezioni da 250g di quinoa pronta da mangiare
- ❖ 85 g di feta, finemente sbriciolata
- ❖ una manciata di prezzemolo tritato grossolanamente

PASSI

1. Riscaldare il forno a 200 ° C / 180 ° C ventola / gas 6. Tagliare ogni peperone a metà attraverso il gambo e rimuovere i semi. Mettere i peperoni, con il lato tagliato verso l'alto, una teglia, irrorare con 1 cucchiaio di olio d'oliva e condire bene. Arrosto per 15 min.
2. Nel frattempo, scaldare 1 cucchiaino di olio d'oliva in una piccola padella, aggiungere le zucchine e cuocere fino a quando non saranno morbide. Togliere dal fuoco, quindi mescolare con quinoa, feta e prezzemolo e condire con pepe.
3. Dividete la miscela di quinoa tra le metà di pepe, quindi rimettete in forno per 5 minuti per riscaldare. Servire con un'insalata verde, se ti piace.

9.Bacon & brie frittata a spicchi con insalata estiva

ingredienti

- ❖ 2 cucchiai di olio d'oliva
- ❖ 200 g di lardo affumicato
- ❖ 6 uova, leggermente sbattute
- ❖ piccolo mazzetto di erba cipollina tagliata
- ❖ 100 g di brie, a fette
- ❖ 1 cucchiaino di aceto di vino rosso
- ❖ 1 cucchiaino di senape di Digione
- ❖ 1 cetriolo, tagliato a metà, privato dei semi e affettato in diagonale
- ❖ 200 g di ravanelli, tagliati in quarti

PASSI

1. Accendi la griglia e scalda 1 cucchiaio di olio in una padella piccola. Aggiungere lo strutto e friggere fino a renderlo croccante e dorato. Scolare su carta assorbente.

2. Scaldare 2 cucchiai di olio in una padella antiaderente. Mescolare le uova, lo strutto, l'erba cipollina e un po 'di pepe nero macinato. Versare nella padella, cuocere a fuoco basso fino a quando non è semi-impostato, quindi adagiare sopra il brie. Griglia fino a quando non si solidifica e diventa dorata. Togliere dalla padella e tagliare a spicchi poco prima di servire.

3. Nel frattempo, mescola l'olio d'oliva rimasto, l'aceto, la senape e il condimento in una ciotola. Aggiungere il cetriolo e i ravanelli e servire insieme alle fette di frittata.

10. Cotolette di agnello alle erbe con verdure arrosto

ingredienti

- ❖ 1 cipolla, tagliata a fette
- ❖ 1 cucchiaio di olio d'oliva
- ❖ 8 a fette pecora magra
- ❖ 1 cucchiaio di foglie di timo tritate
- ❖ 2 cucchiai di foglie di menta tritate

PASSI

1. Riscaldare il forno a 220 ° C / 200 ° C ventola / gas 7. Disporre i peperoni, le patate dolci, il cukit e le cipolle su grandi teglie e irrorare con olio. Condite con abbondante pepe nero. Infornate per 25 minuti.
2. Nel frattempo, taglia più grassi possibile. Mescolare le erbe aromatiche con qualche peperone nero e tamponare tutte le pecore.
3. Sfornare le verdure, capovolgerle e spingere un lato della teglia. Mettere la cotoletta sulla teglia e rimettere in forno per 10 minuti.
4. Girare la cotoletta e cuocere per più di 10 minuti o fino a quando le verdure e le pecore saranno morbide e leggermente bruciate. Mescolare il tutto su una teglia e servire.

11. Chorizo Pilaf

ingredienti

- ❖ 1 cucchiaio di olio d'oliva
- ❖ 1 cipolla grande, affettata sottilmente
- ❖ 250 g di chorizo da cucina per bambini, a fette
- ❖ 4 spicchi d'aglio, distrutti
- ❖ 1 cucchiaino di paprika affumicata
- ❖ 400 g possono tagliare i pomodori
- ❖ Riso Basmati 250g.
- ❖ Stock 600ml.
- ❖ 1 limone, la scorza sbucciata a listarelle spesse, più le fette per servire
- ❖ 2 foglie di alloro fresche
- ❖ Mazzetto di prezzemolo tritato

PASSI

1. Scaldare l'olio in una padella capiente con il coperchio. Aggiungere le cipolle e cuocere per 5-8 minuti fino a renderle morbide e dorate. Spingere a lato della padella e aggiungere il chorizo. Cuocere fino a quando il cioccolato leggero e un po 'di olio non vengono rilasciati in una padella.

2. Aggiungere l'aglio e i peperoni, quindi i pomodori. Mescolare a fuoco medio per 5 minuti, quindi aggiungere il riso, il brodo, la scorza di limone e le foglie di alloro. Mescola bene il tutto e porta a ebollizione. Coprite e cuocete a fuoco bassissimo per 12 min.

3. Spegnere il fuoco e lasciare riposare e cuocere a vapore per 10-15 minuti. Mescolare il prezzemolo e servire con spicchi di limone da spremere.

12 toast con fagioli e feta

ingredienti

- ❖ 350 g di fave, fresche o congelate
- ❖ 100 g di feta (o alternativa vegetariana), scolata
- ❖ 2 cucchiai di foglie di menta tritate o sminuzzate
- ❖ 1 cucchiaio di olio extravergine d'oliva
- ❖ Confezione da 50g di foglie di insalata mista
- ❖ 10 pomodorini, tagliati a metà
- ❖ 1 cucchiaino di succo di limone
- ❖ 4 fette sottili di baguette (bianche o marroni)

PASSI

1. Porta ad ebollizione una piccola pentola. Aggiungere le noci, tornare a bollire e cuocere per 4 minuti. Scolare nel filtro sotto il flusso d'acqua fino a quando non è freddo. Premere ogni fagiolo dalla pelle in una ciotola.

2. Sbriciolare la feta e spalmare le foglie di menta macinando peperoni neri e irrorare con 2 cucchiai d'olio. Mescola insieme.

3. Mescolare l'insalata e le foglie di pomodoro con l'olio d'oliva e il restante succo di limone, quindi per 2 piatti. Pane pane sotto la griglia o in un tostapane fino a quando non diventa dorato e croccante su entrambi i lati. Per servire, un cucchiaio misto di noci e formaggio sul pane tostato e adagiarlo accanto all'insalata.

13.Caponata

ingredienti

- ❖ Per la caponata
- ❖ 100 ml di olio d'oliva
- ❖ 3 melanzane grandi, tagliate a cubetti di 2 cm
- ❖ 2 scalogni lunghi, tritati
- ❖ 4 pomodorini grandi, tritati
- ❖ 2 cucchiaini di capperi, ammollati se salati
- ❖ 50 g di uva passa
- ❖ 4 coste di sedano, affettate
- ❖ 50 ml di aceto di vino rosso
- ❖ una manciata di pinoli tostati e foglie di basilico
- ❖ Per la bruschetta
- ❖ 8 fette di ciabatta
- ❖ olio d'oliva per condire
- ❖ 1 spicchio d'aglio

PASSI

1. Versare l'olio d'oliva in una padella o in una casseruola pesante, metterlo a fuoco medio e aggiungere le melanzane. Cuocere per 15-20 minuti buoni finché non si ammorbidiscono. Il cucchiaio di melanzane esce dalla padella - devi essere lasciato con l'olio d'oliva. Aggiungere lo scalogno e cuocere per circa 5 minuti fino a renderlo morbido e trasparente. Aggiungere i pomodori e cuocere lentamente, in modo che si rompano, trasformarli in un porridge morbido, quindi rimettere le melanzane nella padella. Ora mettete il cappero, l'uvetta, il sedano, l'aceto, bene e coprite con il coperchio. Cuocere a fuoco lento per 40 minuti, fino a quando tutte le verdure saranno morbide. Mescola delicatamente, in modo che non sia troppo rotto; Lo stufato deve avere un odore agrodolce.

2. Quando la Caponata è cotta, lasciatela un po 'fredda quando fate una bruschetta. Riscaldare una padella, condire il pane con olio d'oliva e grigliare fino a quando non sarà abbrustolito e carbonizzato leggermente su entrambi i lati, quindi strofinare con gli spicchi e l'aglio condito. Servire la caponata calda spalmata con foglie di basilico e pinoli, con bruschetta a parte.

14.Insalata mediterranea di fichi e mozzarella

ingredienti

- ❖ 200 g di fagiolini verdi fini, mondati
- ❖ 6 fichi piccoli, tagliati in quarti
- ❖ 1 scalogno, tagliato a fettine sottili
- ❖ x palla di mozzarella scolata e tagliata a tocchetti
- ❖ 50 g di nocciole, tostate e tritate
- ❖ una manciata di foglie di basilico, spezzettate
- ❖ 3 cucchiai di aceto balsamico
- ❖ 1 cucchiaio di marmellata di fichi o condimento
- ❖ 3 cucchiai di olio extravergine d'oliva

PASSI

1. In una grande padella con acqua salata, sbollentare i fagioli per 2-3 minuti. Scolateli, sciacquateli con acqua fredda, quindi scolateli su carta da cucina. Prepara il piatto. Completare con fichi, scalogno, mozzarella, nocciola e basilico.

2. In una piccola ciotola o vaso congestionato con un coperchio adatto, aggiungi l'aceto, la marmellata di fichi, l'olio d'oliva e le spezie. Sbattere bene e versare l'insalata prima di servire.

15.Pancetta di pesce con patate al limone

ingredienti
* ❖ 300 g di patate novelle

- ❖ 100 g di fagiolini
- ❖ una manciata di olive nere kalamata
- ❖ la scorza e il succo di 1 limone
- ❖ 2 cucchiai di olio d'oliva
- ❖ 2 grossi filetti di pollock o un altro pesce bianco sostenibile
- ❖ 4 fette di pancetta o pancetta affumicata affumicata a fettine sottili
- ❖ alcuni rametti di dragoncello lasciano colti

PASSI

1. Riscaldare il forno a 200 ° C / 180 ° C ventola / gas 6. Mettere le patate in una pentola d'acqua e far bollire per 10-12 minuti finché sono teneri. Aggiungere i fagioli per gli ultimi 2-3 minuti. Scolare bene e tagliare a metà le patate. Versare in una pirofila capiente e condire con le olive, la scorza di limone e l'olio. Condisci bene.
2. Condite il pesce e avvolgetelo con la pancetta o il guanciale. Adagia sopra le patate. Cuocere per 10-12 minuti fino a cottura completa, quindi aggiungere una spruzzata di succo di limone e spolverare con dragoncello prima di servire.

16.Polenta, verdure arrosto e patatine al parmigiano pepato

ingredienti

- ❖ 1 zucca piccola (circa 450 g), sbucciata e tagliata a cubetti di 2 cm
- ❖ 3 barbabietole crude (circa 200 g), tagliate a cubetti di 2 cm
- ❖ 2 cipolle rosse piccole, tagliate a spicchi sottili
- ❖ 3 cucchiai di olio d'oliva
- ❖ succo di ½ limone
- ❖ 200 g di polenta fine
- ❖ ½ cucchiaino di sale
- ❖ 50 g di burro
- ❖ 60 g di formaggio grattugiato (abbiamo usato un mix 50/50 di parmigiano e taleggio)
- ❖ una grossa manciata di rucola, per servire
- ❖ 2 cucchiaini di foglie di timo appena raccolte
- ❖ Per le patatine al parmigiano
- ❖ 50 g di parmigiano grattugiato

PASSI

1. Per preparare le patatine, abbassare il forno a 200 ° C / 180 ° C ventola / gas 6. Condire il parmigiano grattugiato con un pizzico abbondante di pepe nero e spargerlo uniformemente su una teglia ricoperta con un foglio di silicone o carta da forno leggermente unta e infornare 5 minuti, finché non sono dorati ma non dorati. Dopo aver raffreddato per cinque minuti, rompi in pezzi croccanti con le dita.

2. Accendi il forno a 220 ° C / 200 ° C ventola / gas mark 7. Metti i pezzi di zucca e barbabietola nel succo di limone e nell'olio, condisci leggermente con sale e pepe e inforna in una teglia per 20 minuti. Aggiungere gli spicchi di cipolla e continuare a cuocere per altri 25 minuti.

3. Nel frattempo portare a bollore in una pentola capiente un litro d'acqua, il sale e metà del burro, quindi aggiungere piano piano la polenta a filo, mescolando sempre. Continuare a cuocere a fuoco lento per 35 minuti (o secondo le istruzioni se si utilizza la polenta a cottura rapida), mescolando spesso per evitare che si attacchi al fondo. La polenta dovrebbe essere addensata ma ancora morbida a questo punto. Se inizia a seccarsi troppo, aggiungi una tazza d'acqua. A cottura ultimata mescolate il resto del burro, il parmigiano e il taleggio e un pizzico di pepe bianco.

4. Per servire, versare la polenta su una tavola o nei piatti, spargere sopra le verdure e l'eventuale sugo di cottura, poi la rucola e il timo. Metti le patatine al parmigiano tra le verdure e mangia caldo.

17 Spinaci con peperoncino e briciole di limone

ingredienti

- ❖ 25 g di burro
- ❖ 100 g di pangrattato fresco
- ❖ la scorza di 1 limone
- ❖ 2 spicchi d'aglio, schiacciati
- ❖ 1 peperoncino rosso, tritato finemente
- ❖ 500 g di spinaci

PASSI

1. Sciogliere il burro in una padella larga, poi quando inizia a schiumare, versare il pangrattato, la scorza, l'aglio e il peperoncino. Cuocere fino a quando saranno dorate e croccanti. Togliere dalla padella, condire e mettere da parte.
2. Aggiungere gli spinaci nella padella e appassire, mescolando. Condire e servire con una spolverata di briciole croccanti.

18.Fornitura di pollo alla mediterranea

ingredienti

- ❖ 2 peperoni rossi, privati dei semi e tagliati a pezzi
- ❖ 1 cipolla rossa, tagliata a spicchi
- ❖ 2 cucchiaini di olio d'oliva
- ❖ 4 petti di pollo con la pelle
- ❖ Confezione da ½ x 150 g di aglio intero e formaggio alle erbe morbide
- ❖ Confezione da 200 g di pomodorini
- ❖ una manciata di olive nere

PASSI

1. Riscaldare il forno a 200 ° C / 180 ° C ventola / gas 6. Mescolare i peperoni e la cipolla su una grande teglia con metà dell'olio. Trasferire in forno e cuocere sul ripiano superiore per 10 minuti.

2. Nel frattempo, fai con attenzione una tasca tra la pelle e la carne di ogni petto di pollo, ma non togliere completamente la pelle. Spingere la stessa quantità di formaggio sotto la pelle, lisciare la pelle, spennellarla con il resto dell'olio, condire e aggiungere alla teglia i pomodori e le olive. Rimettere in forno e cuocere per altri 25-30 minuti finché il pollo non sarà dorato e cotto. Servite con patate al forno, se gradite.

19. Cozze con pomodoro e peperoncino

ingredienti

- ❖ 2 pomodori maturi
- ❖ 2 cucchiai di olio d'oliva
- ❖ 1 spicchio d'aglio, tritato finemente
- ❖ 1 scalogno, tritato finemente
- ❖ 1 peperoncino rosso o verde, privato dei semi e tritato finemente
- ❖ piccolo bicchiere di vino bianco secco
- ❖ 1 cucchiaino di concentrato di pomodoro
- ❖ Un pizzico di zucchero
- ❖ 1 kg di cozze pulite
- ❖ una buona manciata di foglie di basilico

PASSI

1. Metti i pomodori in una ciotola resistente al calore. Coprite con acqua bollente, lasciate agire per 3 minuti, quindi scolate e pelate. Tagliare i pomodori in quarti, raccogliere e scartare i semi con un cucchiaino. Tritate grossolanamente la polpa di pomodoro.

2. Scaldare l'olio in una padella larga con un coperchio ben aderente. Aggiungere l'aglio, lo scalogno e il peperoncino, quindi soffriggere delicatamente per 2-3 minuti finché non si saranno ammorbiditi. Bagnate con il vino e aggiungete i pomodori, la pasta, lo zucchero e il condimento (le cozze sono naturalmente salate quindi fate attenzione con il sale). Mescolare bene e cuocere a fuoco lento per 2 minuti.

3. Aggiungete le cozze e mescolatele. Coprite bene e cuocete a vapore per 3-4 minuti, scuotendo a metà la padella, fino a quando i gusci non si saranno aperti.

4. Eliminate i gusci rimasti chiusi, dividete le cozze in due ciotole e aggiungete le foglie di basilico. Fornisci una grande ciotola per i gusci vuoti.

20. Peperoni arrostiti con pomodori e acciughe

ingredienti

- ❖ 4 peperoni rossi, tagliati a metà e privati dei semi
- ❖ 50g possono utilizzare acciughe sott'olio, scolate
- ❖ 8 pomodori piccolissimi, tagliati a metà
- ❖ 2 spicchi d'aglio, tagliati a fettine sottili
- ❖ 2 rametti di rosmarino
- ❖ 2 cucchiai di olio d'oliva

PASSI

1. Riscaldare il forno a 160 ° C / 140 ° C ventola / gas 3. Mettere la paprika in una teglia grande, mescolare con un filo d'olio di un'acciuga, quindi ruotare il lato della taglierina. Infornare per 40 minuti, finché non è morbido ma non si sgretola.
2. Acciuga Iris 8 per tutta la lunghezza. Mettere 2 parti di pomodoro, alcune fettine di aglio, alcuni piccoli volanti al rosmarino e due pezzi di acciuga in ogni buco del pepe. Versare un filo d'olio d'oliva, quindi arrostire di nuovo per 30 minuti finché i pomodori non saranno morbidi ei peperoni si riempiranno di pozze di gustoso succo. Lasciar raffreddare e servire caldo oa temperatura ambiente.

21.Pollo mediterraneo con verdure arrosto

ingredienti

- ❖ 250 g di patate novelle, tagliate a fettine sottili
- ❖ 1 zucchina grande, tagliata in diagonale
- ❖ 1 cipolla rossa, tagliata a spicchi
- ❖ 1 peperone giallo, privato dei semi e tagliato a pezzi
- ❖ 6 pomodorini sodi, tagliati a metà
- ❖ 12 olive nere, snocciolate
- ❖ 2 filetti di petto di pollo disossati e senza pelle, circa 150 g ciascuno
- ❖ 3 cucchiai di olio d'oliva
- ❖ 1 cucchiaio rotondo di pesto verde

PASSI

1. Preriscaldare il forno a 200 ° C / Gas 6 / forno ventilato 180 ° C. Distribuire le patate, le zucchine, la cipolla, il peperone e i pomodori in una teglia bassa e spargere sopra le olive. Condire con sale e pepe nero ruvido.

2. Tebas carne ogni petto di pollo 3-4 volte usando un coltello affilato, quindi adagia il pollo sulle verdure.

3. Mescolare olio d'oliva e pesto fino a quando non sono ben amalgamati e il cucchiaio è uniformemente sul pollo. Copri la lattina con un foglio e cuoci per 30 minuti.

4. Rimuovi la pellicola dalla lattina. Rimettere in forno e cuocere per 10 minuti fino a quando le verdure non sono liquide e sembrano allettanti da mangiare e il pollo cotto (il succo deve scorrere chiaramente quando viene pugnalato con uno spiedino).

22 Fette mediterranee

ingredienti

❖ Confezione da 375g di pasta sfoglia pronta
❖ 4 cucchiai di pesto verde
❖ 140 g di peperoni arrostiti a fette congelati
❖ 140 g di carciofi surgelati (circa 3 spicchi per porzione)
❖ 125 g di mozzarella a palla o 85 g di formaggio cheddar, grattugiato

PASSI

1. Riscaldare il forno a 200 ° C / 180 ° C ventilato / gas 6. Aprire il rotolo di torta e tagliarlo in 4 rettangoli. Prendi un coltello affilato e un bordo di 1 cm in ogni rettangolo, fai attenzione a non tagliare la torta. Mettilo su una teglia.
2. Distribuire 1 HR Pesto su ogni fetta, rimanere all'interno del bordo, quindi impilare paprika e carciofi. Cuocere in forno per 15 minuti finché la torta non inizia a dorarsi.
3. Tagliate a pezzetti la pallina di mozzarella, quindi spargetela (o usate il cheddar, se volete) sulle verdure. Rimettere in forno per 5-7 minuti fino a quando la pasta è croccante e il formaggio si è sciolto. Servire con insalata verde.

23 peperoni ripieni facili

ingredienti

- ❖ 4 peperoni rossi
- ❖ 2 buste di riso al pomodoro cotto (abbiamo usato Tilda Rizazz Mediterranean Tomato)
- ❖ 2 cucchiai di pesto
- ❖ una manciata di olive nere snocciolate, tritate
- ❖ 200 g di formaggio di capra, a fette

PASSI

1. Usa un coltellino per tagliare la parte superiore di 4 peperoni rossi, quindi raccogli i semi. Metti i peperoni su un piatto, con il lato tagliato verso l'alto e cuoci nel microonde a temperatura alta per 5-6 minuti finché non sono appassiti e ammorbiditi.

2. Mentre i peperoni cuociono, mescolare due buste da 250 g di riso al pomodoro cotto insieme a 2 cucchiai di pesto e una manciata di olive nere snocciolate tritate e 140 g di formaggio di capra a fette.

3. Versare il riso, il pesto, le olive e la miscela di formaggio di capra nei peperoni, aggiungere i restanti 60 g di formaggio di capra a fette e continuare a cuocere per 8-10 minuti.

24.Cozze al forno croccanti

ingredienti

- ❖ 1kg di cozze con il guscio
- ❖ 50 g di pangrattato tostato
- ❖ la scorza di 1 limone
- ❖ 100 g di burro all'aglio e prezzemolo

PASSI

1. Strofina le cozze e togli le barbe. Sciacquare con diversi cambi di acqua fredda, quindi scartare quelli aperti e non chiudersi se picchiettati contro il lato del lavandino.

2. Scolare le cozze e metterle in un'ampia padella con un goccio d'acqua. Portare a ebollizione, quindi coprire la padella, scuotendo di tanto in tanto, finché le cozze non si saranno aperte - ci vorranno 2-3 minuti. Scolare bene, quindi eliminare quelli che rimangono chiusi - riscaldare la griglia al massimo.

3. Mescolare le briciole e la scorza. Rimuovere un lato di ogni guscio, quindi spalmare un po 'di burro su ogni cozza. Adagiare su una teglia e cospargere di briciole. Grigliare per 3-4 minuti fino a quando diventa croccante.

25.Aïoli

ingredienti

- ❖ piccoli fili di zafferano pizzico
- ❖ 3 spicchi d'aglio, schiacciati
- ❖ 2 tuorli d'uovo
- ❖ 1 cucchiaio di senape di Digione
- ❖ 300 ml di olio d'oliva

PASSO

1. In una piccola ciotola, versare 1 cucchiaio di acqua bollente sulla curcuma e mettere da parte. Metti l'aglio, i tuorli e la senape in un robot da cucina o in un frullatore. Il blitz divenne una pasta e gocciolò silenziosamente in olio d'oliva per fare una salsa densa alla maionese. Quando tutto si riunisce, aggiungi lo zafferano, la curcuma, il succo di limone e condisci a piacere. Aïoli continuerà a essere portato in frigorifero per un massimo di 2 giorni.

26.Insalata di anguria e feta con pane croccante

ingredienti

- ❖ ½ anguria (circa 1,5 kg), sbucciata, privata dei semi e tagliata a pezzi
- ❖ 200 g di formaggio feta a cubetti, a cubetti
- ❖ grossa manciata di olive nere
- ❖ una manciata di prezzemolo a foglia piatta e foglie di menta, tritate grossolanamente
- ❖ 1 cipolla rossa, tagliata finemente a rondelle
- ❖ olio d'oliva e aceto balsamico, per servire
- ❖ Per il pane croccante
- ❖ ½ confezione da 500 g di preparato per pane bianco
- ❖ 1 cucchiaio di olio d'oliva, più un po 'di più per condire
- ❖ farina 00 per spolverare
- ❖ 1 albume d'uovo sbattuto
- ❖ un mix di semi di sesamo, semi di papavero e semi di finocchio da spargere

PASSI

1. Preparare il pane secondo le istruzioni della confezione con 1 cucchiaio di olio d'oliva. Lasciar lievitare in un luogo caldo per circa 1 ora fino a quando non sarà raddoppiato. Riscaldare il forno a 220 ° C / 200 ° C ventola / gas 7. Sbattere indietro il pane e dividerlo in 6 pezzi. Su una superficie infarinata, stendere i pezzi di pane il più sottile possibile, quindi trasferirli su teglie da forno. Spennellate con l'albume e cospargete con i semi misti. Cuocere per circa 15 minuti fino a quando saranno croccanti e dorati; se si gonfiano, ancora meglio. Potrebbe essere necessario eseguire questa operazione in batch. I

pezzi di pane possono essere preparati il giorno precedente e conservati in un contenitore ermetico.

2. In una grande ciotola da portata, mescolate leggermente il melone con la feta e le olive. Cospargere con le erbe aromatiche e gli anelli di cipolla, quindi servire con olio d'oliva e aceto balsamico per condire. Servire la pila di fette biscottate sul lato per rompere e utilizzare per raccogliere l'insalata.

27 Calamari croccanti con caponata

ingredienti

- 800 g di tubi di calamari puliti (circa 3 tubi grandi)
- 150 g di farina 00
- 1 cucchiaio di pepe di cayenna o peperoncino in polvere
- olio di girasole per friggere
- Per la caponata
- 1 melanzana grande
- 4 cucchiai di olio extravergine d'oliva
- 1 cipolla, tritata
- 3 coste di sedano, affettate
- 250 g di pomodorini
- 3 spicchi d'aglio, schiacciati
- 1 cucchiaino di zucchero semolato
- 1 cucchiaio di aceto balsamico
- 150 g di olive verdi snocciolate
- 30 g di capperi, sciacquati se salati
- una manciata di foglie di basilico, sminuzzate

PASSI

1. Per preparare i calamari, adagiare i calamari piatti a bordo. Inserisci un coltello lungo e sottile nell'apertura e taglialo con cura lungo un lato. Aprilo su un foglio piatto e raschia via la membrana rimasta. Usa la punta del coltello per incidere leggermente la carne a rombi, facendo attenzione a non tagliare completamente i calamari. Tagliate i calamari incisi in grossi triangoli pronti per essere infarinati e fritti.

Per la caponata le melanzane vanno tagliate a dadini uniformi:
- Affettalo nel senso della lunghezza di circa 1 cm di spessore.
- Taglia delle strisce lunghe della stessa misura.
- Tagliali a quadrati.

2. Scaldare metà dell'olio in una padella larga. Soffriggere le cipolle per 3-4 minuti fino a quando iniziano ad ammorbidirsi, aggiungere le melanzane, quindi continuare a cuocere per 8-10 minuti fino a quando non diventano dorate e morbide. Versalo in uno scolapasta sopra una ciotola.

3. Versare l'olio dalla ciotola nella padella e riempirlo con una spruzzata di olio fresco. Friggere insieme il sedano, i pomodori e l'aglio schiacciato. Cospargere lo zucchero, spruzzare l'aceto, quindi cuocere per 3-4 minuti finché i pomodori non iniziano a rilasciare il loro succo.

4. Aggiungere le melanzane e la cipolla con il sedano. Aggiungere le olive, i capperi e il basilico, quindi mescolare bene il tutto. Cuocere per 5 minuti fino a quando non sobbollire, quindi

condire a piacere. Spegnete il fuoco, irrorate con il resto dell'olio e mettete da parte.

5. Poco prima della cottura, versa i calamari in una ciotola capiente. Setacciare la farina e il pepe di Caienna insieme sui calamari, quindi mescolare bene e condire con SaleSale. Versare i calamari nel setaccio e scrollarsi di dosso tutta la farina in eccesso.

6. Versare una quantità sufficiente di olio di semi di girasole in una padella grande, in modo che sia profonda circa 1 cm. Scaldare l'olio finché non sfrigola quando viene cosparso di un po 'di farina. In lotti, friggere i calamari per 2-3 minuti su ciascun lato finché non diventano dorati e croccanti. A cottura ultimata, sollevare i calamari con le pinze su un piatto rivestito con carta da cucina. Ora sei pronto per servire.

7. Disponi la caponata all'interno di un anello di metallo largo 10 cm (o semplicemente crea una pila ordinata) al centro di un piatto piano medio. Usa la parte posteriore del cucchiaio per premere leggermente sulla caponata e livella la parte superiore del mucchio. Sollevare con cautela l'anello, mantenendo circolare la torre della caponata. Impara cinque o sei pezzi di calamaro attorno alla caponata come petali su un fiore, quindi servi immediatamente.

28. MEDITERRANEO calamaro

ingredienti

- ❖ 800 g di tubi di calamari puliti (circa 3 tubi grandi)
- ❖ 150 g di farina 00
- ❖ 1 cucchiaio di pepe di cayenna o peperoncino in polvere
- ❖ olio di girasole per friggere
- ❖ Per la caponata
- ❖ 1 melanzana grande
- ❖ 4 cucchiai di olio extravergine d'oliva
- ❖ 1 cipolla, tritata
- ❖ 3 coste di sedano, affettate
- ❖ 250 g di pomodorini
- ❖ 3 spicchi d'aglio, schiacciati
- ❖ 1 cucchiaino di zucchero semolato
- ❖ 1 cucchiaio di aceto balsamico
- ❖ 150 g di olive verdi snocciolate
- ❖ 30 g di capperi, sciacquati se salati
- ❖ una manciata di foglie di basilico, sminuzzate

PASSI

1. Per preparare i calamari, adagiare i calamari piatti a bordo. Inserisci un coltello lungo e sottile nell'apertura e taglialo con cura lungo un lato. Aprilo su un foglio piatto e raschia via la membrana rimasta. Usa la punta del coltello per incidere leggermente la carne a rombi, facendo attenzione a non tagliare completamente i calamari. Tagliate i calamari incisi in grossi triangoli pronti per essere infarinati e fritti.

Per la caponata le melanzane vanno tagliate a dadini uniformi:
- Affettalo nel senso della lunghezza di circa 1 cm di spessore.
- Taglia delle strisce lunghe della stessa misura.
- Tagliali a quadrati.

2. Scaldare metà dell'olio in una padella larga. Soffriggere le cipolle per 3-4 minuti fino a quando iniziano ad ammorbidirsi, aggiungere le melanzane, quindi continuare a cuocere per 8-10 minuti fino a quando non diventano dorate e morbide. Versalo in uno scolapasta sopra una ciotola.

3. Versare l'olio dalla ciotola nella padella e riempirlo con una spruzzata di olio fresco. Friggere insieme il sedano, i pomodori e l'aglio schiacciato. Cospargere lo zucchero, spruzzare l'aceto, quindi cuocere per 3-4 minuti finché i pomodori non iniziano a rilasciare il loro succo.

4. Aggiungere le melanzane e la cipolla con il sedano. Aggiungere le olive, i capperi e il basilico, quindi mescolare bene il tutto. Cuocere per 5 minuti fino a quando non sobbollire, quindi

condire a piacere. Spegnete il fuoco, irrorate con il resto dell'olio e mettete da parte.

5. Poco prima della cottura, versa i calamari in una ciotola capiente. Setacciare la farina e il pepe di Caienna insieme sui calamari, quindi mescolare bene e condire con SaleSale. Versare i calamari nel setaccio e scrollarsi di dosso tutta la farina in eccesso.

6. Versare una quantità sufficiente di olio di semi di girasole in una padella grande, in modo che sia profonda circa 1 cm. Scaldare l'olio finché non sfrigola quando viene cosparso di un po 'di farina. In lotti, friggere i calamari per 2-3 minuti su ciascun lato finché non diventano dorati e croccanti. A cottura ultimata, sollevare i calamari con le pinze su un piatto rivestito con carta da cucina. Ora sei pronto per servire.

7. Disponi la caponata all'interno di un anello di metallo largo 10 cm (o semplicemente crea una pila ordinata) al centro di un piatto piano medio. Usa la parte posteriore del cucchiaio per premere leggermente sulla caponata e livella la parte superiore del mucchio. Sollevare con cautela l'anello, mantenendo circolare la torre della caponata. Impara cinque o sei pezzi di calamaro attorno alla caponata come petali su un fiore, quindi servi immediatamente.

29. Focaccine mediterranee

ingredienti

- ❖ 8 fichi, tagliati a metà
- ❖ 2 cucchiai di burro
- ❖ 2 cucchiai di miele chiaro
- ❖ 2 cucchiai di zucchero di canna
- ❖ 2 cucchiaini di cannella in polvere
- ❖ 2 cucchiai di succo d'arancia
- ❖ Anice 2 stelle
- ❖ dita di pasta frolla, per servire
- ❖ Per il mascarpone allo zenzero
- ❖ 1 zenzero a gambo, tritato molto finemente
- ❖ 1 cucchiaio di sciroppo allo zenzero dal barattolo
- ❖ ½ vasetto di mascarpone da 250 g

1. PASSI

1. Riscaldare il forno a 200 ° C / 180 ° C ventola / gas 6. Disporre i fichi in una pirofila da forno, cospargere di burro e irrorare con il miele. Cospargere con lo zucchero e la cannella, quindi versare il succo d'arancia e mescolare leggermente. Adagiare l'anice stellato tra i fichi e cuocere per 15-20 minuti.

2. Quando sei pronto per servire, mescola lo zenzero e lo sciroppo attraverso il mascarpone. Mettere 4 metà di fichi, irrorate di sciroppo, su un piatto con un ciuffo di mascarpone e alcuni bastoncini di pasta frolla.

30 Insalata di feta mediterranea con condimento di melograno

ingredienti

- ❖ 2 peperoni rossi
- ❖ 3melanzane medie, tagliate a tocchetti o 15 piccoli, dimezzate
- ❖ 6 cucchiai di olio extravergine d'oliva
- ❖ cucchiaino di cannella
- ❖ 200 g di fagiolini, sbollentati (usali congelati se puoi)
- ❖ 1 cipolla rossa piccola, tagliata a mezzelune
- ❖ 200 g di feta, scolata e sbriciolata
- ❖ semi 1 melograno
- ❖ una manciata di prezzemolo tritato grossolanamente

Per il condimento

- ❖ 1 spicchio d'aglio piccolo, schiacciato
- ❖ 1 cucchiaio di succo di limone
- ❖ 2 cucchiai di melassa di melograno
- ❖ 5 cucchiai di olio extravergine d'oliva

PASSI

1. Riscaldare il forno a 200 ° C / 180 ° C ventilato / gas 6. Riscaldare il grill al massimo. Taglia i peperoni in quarti, quindi disponili, con la pelle rivolta verso l'alto, su una teglia. Griglia finché non diventa annerito. Mettere in un sacchetto di plastica, sigillare e lasciare agire per 5 minuti. Quando è abbastanza freddo da poter essere maneggiato, raschia via le bucce, scartale e metti da parte i peperoni.

2. Adagiare le melanzane su una teglia, condire con olio d'oliva e cannella, quindi condire con sale e pepe. Arrostire fino a doratura e ammorbidimento - circa 25 minuti.

3. Nel frattempo, unisci tutti gli ingredienti del condimento e mescola bene.

Per servire:
- Metti le melanzane, i fagiolini, la cipolla e i peperoni su un grande piatto da portata.
- Cospargere con la feta e i semi di melograno.
- Versare sopra il condimento, quindi finire con il prezzemolo.

31 Insalata greca di pomodori con fetta in padella

INGREDIENTI

- ❖ 200 g di fetta greca, dimezzata
- ❖ 2 cucchiai di olio extravergine di oliva
- ❖ 250 g di pomodorini rossi Roma, tagliati a metà
- ❖ 200 g di pomodorini gialli, tagliati a metà
- ❖ 1 peperone verde, tagliato a dadini
- ❖ 1 cetriolo libanese, a dadini
- ❖ 1/2 cipolla rossa, tagliata a rondelle sottili
- ❖ 1/2 tazza di olive kalamata snocciolate
- ❖ 1/4 tazza di foglie di origano fresco
- ❖ 2 cucchiai di succo di limone
- ❖ 1 spicchio d'aglio, schiacciato

PASSI

1. Asciugare fetta con un tovagliolo di carta. Scaldare 2 cucchiaini di olio in una padella antiaderente a fuoco alto. Aggiungi fetta. Cuocere per 2 minuti, da un lato o fino a doratura. Togli la padella dal fuoco. Mettere fetta nella padella, senza muoverla, per 10 minuti in modo che si raffreddi leggermente.
2. Nel frattempo, unisci i pomodori, il peperone, il cetriolo, la cipolla, le olive e metà dell'origano in una grande ciotola.
3. Metti il succo di limone, l'aglio e l'olio rimanente in una piccola ciotola. Condire con sale, sale e pepe. Sbatti per unire. Aggiungi il condimento all'insalata. Lancia per combinare. Trasferisci su un piatto da portata. Disporre la fetta, con il lato dorato rivolto verso l'alto, su un'insalata. Servire cosparso di origano rimanente.

32. Polpette mediterranee di sgombro e patate

INGREDIENTI

- ❖ 800 g di patate Desiree, sbucciate e tritate
- ❖ 2 lattine da 115 g Filetti di sgombro King Oscar in stile mediterraneo senza pelle e disossati
- ❖ 3 cipolle verdi, tritate finemente
- ❖ 1/2 tazza di foglie di basilico fresco tritate
- ❖ 2 cucchiai di olive kalamata affettate
- ❖ 1 cucchiaino di scorza di limone finemente grattugiata
- ❖ 1 uovo, leggermente sbattuto
- ❖ 1 tazza e 1/3 di pangrattato panko
- ❖ Olio di crusca di riso per fritture poco profonde

PASSI

1. Metti le patate in una grande casseruola. Coprite con acqua fredda. Portare a ebollizione a fuoco vivace. Bollire per 12 minuti o finché sono teneri. Scolare. Rimettere in padella a fuoco basso. Mescolare le patate finché il liquido non sarà evaporato. Approssimativamente poltiglia. Trasferisci in una ciotola. Mettere da parte a raffreddare.

2. Scolare lo sgombro, riservando eventuali fettine di oliva. Aggiungere lo sgombro e le olive messe da parte, la cipolla verde, il basilico, le olive kalamata, la scorza di limone, l'uovo e 1/3 di tazza di pangrattato alla patata e condire con sale e pepe. Mescola per amalgamare. Usiamo le mani umide, modelliamo il composto in 8 polpette.

3. Mettere il pangrattato rimanente in un piatto fondo. Rivestire le polpette nel pangrattato, scrollandosi di dosso l'eccesso. Disporre su un

piatto rivestito di carta da forno. Mettete in frigorifero per 20 minuti o fino a quando non si solidifica.

4. Nel frattempo, prepara l'insalata di pomodori e fagioli cannellini: unisci pomodoro, fagioli, origano e lattuga in una ciotola. Drizzle overdressing. Condire con sale e pepe. Mescola delicatamente per amalgamare.

5. Versare abbastanza olio in una padella antiaderente grande fino a 1 cm di lato. Scaldare a fuoco medio: soffriggere le polpette per 2-3 minuti su ciascun lato o finché non diventano dorate e croccanti. Scolare su carta assorbente. Servire le polpette con insalata e spicchi di limone.

33 Ricetta dell'hummus (autentica e fatta in casa)

INGREDIENTI

❖ 3 tazze di ceci cotti, sbucciati (da 1 a 1 ¼ di tazza di ceci secchi o da ceci in scatola di qualità. Vedere le note della ricetta per ulteriori istruzioni sulla cottura e sbucciare i ceci)
❖ 1 o 2 spicchi d'aglio, tritati
❖ 3-4 cubetti di ghiaccio
❖ ⅓ tazza (79 grammi) di pasta tahini
❖ ½ cucchiaino di sale kosher
❖ Succo di 1 limone
❖ Acqua calda (se necessaria)
❖ Olio extravergine di oliva greco a vendemmia precoce
❖ Sommacco

PASSI

1. Aggiungi i ceci e l'aglio tritato nella ciotola di un robot da cucina. Frullare fino a formare una miscela liscia e polverosa.
2. Mentre il processore è in funzione, aggiungi i cubetti di ghiaccio, il tahini, il sale e il succo di limone. Frulla per circa 4 minuti. Controlla, e se la consistenza è ancora troppo densa, avvia il processore e aggiungi lentamente un po 'di acqua calda. Frullare fino a raggiungere la consistenza liscia come la seta desiderata.
3. Distribuire in una ciotola da portata e aggiungere un generoso filo di Early Harvest EVOO. Aggiungi alcuni ceci al centro, se ti piace. Cospargere di sommacco sopra. Divertiti con le fette di pita calde e le tue verdure preferite.

34 contorno di erbe aromatiche

INGREDIENTI

- ❖ Olio extravergine di oliva per spennellare
- ❖ 1 peperone rosso piccolo, tritato (circa ¾ tazza)
- ❖ 12 pomodorini, tagliati a metà
- ❖ 1 scalogno, tritato finemente
- ❖ Da 6 a 10 olive kalamata snocciolate, tritate
- ❖ 113 g di pollo o tacchino cotto, disossato, sminuzzato
- ❖ 1 oz / 28. 34 g (circa ½ tazza) di foglie di prezzemolo fresco tritate
- ❖ Una manciata di feta sbriciolata a tuo piacimento
- ❖ 8 uova grandi
- ❖ Sale e pepe
- ❖ ½ cucchiaino di paprika spagnola
- ❖ ¼ cucchiaino di curcuma macinata (facoltativo)

PASSI

1. Posiziona una griglia al centro del forno e preriscalda a 350 gradi F.
2. Prepara una teglia per muffin da 12 tazze come questa (o 12 stampini per muffin singoli). Spennellare con olio extravergine di oliva.
3. Dividi i peperoni, i pomodori, lo scalogno, le olive, il pollo (o il tacchino), il prezzemolo e la feta sbriciolata tra le 12 tazze (dovrebbero arrivare a circa ⅔ del modo in cui pieno.)
4. In un grande misurino o in una terrina, aggiungi le uova, il sale, il pepe e le spezie. Sbatti bene per amalgamare.
5. Versare con cura il composto di uova su ogni tazza, lasciando un po 'di spazio in alto (dovrebbe essere circa ¾ di distanza o giù di lì).
6. Posizionare la teglia per muffin o gli stampini per muffin sopra una teglia (per aiutare a raccogliere

eventuali fuoriuscite). Cuocere in forno caldo per circa 25 minuti o fino a quando i muffin all'uovo non si saranno solidificati.

7. Lasciate raffreddare per qualche minuto, quindi passate un piccolo coltello da burro intorno ai bordi di ogni muffin per ammorbidirli. Togliete dalla padella e servite

35 FalloMudammas

INGREDIENTI

- ❖ 2 lattine di fave semplici (da 13 a 15 once ciascuna lattina) (vedere le note se si utilizzano le fave secche)
- ❖ ½ tazza di acqua
- ❖ Sale kosher
- ❖ Da ½ a 1 cucchiaino di cumino macinato
- ❖ 1 o 2 peperoncini piccanti, tritati (i jalapeños andranno bene qui)
- ❖ 2 spicchi d'aglio, tritati
- ❖ 1 grande succo di limone di
- ❖ Olio extravergine di oliva (Vendemmia Precoce)
- ❖ 1 tazza di prezzemolo tritato
- ❖ 1 pomodoro a dadini

Per servire:

- ❖ Pane di fossa caldo
- ❖ Pomodori a fette
- ❖ Cetrioli a fette
- ❖ Cipolle verdi
- ❖ Olive

PASSI

1. In una padella o pentola di ghisa, aggiungere le fave e ½ tazza di acqua. Scaldare a fuoco medio-alto. Condire con sale kosher e cumino. Usa uno schiacciapatate o una forchetta per schiacciare le fave.

2. In un mortaio e un pestello, aggiungere i peperoncini piccanti e l'aglio. Distruggere. Aggiungere il succo di un limone e mescolare per amalgamare.

3. Versare la salsa di aglio e peperoncino sulle fave. Aggiungere un abbondante filo d'olio

extravergine d'oliva. Completare con prezzemolo tritato, pomodori a cubetti e qualche fetta di peperoncino, se lo si desidera.

4. Servire con pane pita, verdure a fette e olive.

36 Frullato cremoso alla banana e dattero Tahini

INGREDIENTI

- ❖ 2 banane congelate, a fette
- ❖ 4 datteri Medjool snocciolati (se sono troppo grandi, puoi tritarli un po ').
- ❖ ¼ di tazza di tahini (io ho usato Soom tahini)
- ❖ ¼ di tazza di ghiaccio tritato
- ❖ 1 ½ tazza di latte di mandorle non zuccherato
- ❖ Un pizzico di cannella in polvere, più per dopo

PASSI

1. Metti le banane congelate a fette nel tuo frullatore, aggiungi gli ingredienti rimanenti. Aziona il frullatore fino a ottenere un frullato omogeneo e cremoso.
2. Trasferisci i frullati di datteri alla banana nelle tazze da portata e aggiungi un pizzico di cannella in polvere in cima.

37 Ricetta Shakshuka

INGREDIENTI

- ❖ Olio extravergine di oliva (io ho usato Riserva Privata EVOO)
- ❖ 1 cipolla gialla grande, tritata
- ❖ 2 peperoni verdi, tritati
- ❖ 2 spicchi d'aglio, sbucciati, tritati
- ❖ 1 cucchiaino di coriandolo macinato
- ❖ 1 cucchiaino di paprika dolce
- ❖ ½ cucchiaino di cumino macinato
- ❖ Un pizzico di peperoncino rosso (facoltativo)
- ❖ Sale e pepe
- ❖ 6 pomodori maturi, tritati (circa 6 tazze di pomodori a pezzetti)
- ❖ ½ tazza di salsa di pomodoro
- ❖ 6 uova grandi
- ❖ ¼ di tazza di foglie di prezzemolo fresco tritate (circa 0,2 once o 5 grammi)
- ❖ ¼ di tazza di foglie di menta fresca tritate (circa 0,2 once o 5 grammi)

PASSI

1. Scalda 3 cucchiai di olio d'oliva in una grande padella di ghisa. Aggiungere le cipolle, i peperoni verdi, l'aglio, le spezie, un pizzico di sale e il pepe. Cuocere, mescolando di tanto in tanto, fino a quando le verdure si saranno ammorbidite, circa 5 minuti.
2. Aggiungere i pomodori e la salsa di pomodoro. Coprite e lasciate cuocere a fuoco lento per circa 15 minuti. Scoprire e cuocere un po 'più a lungo per consentire al composto di ridursi e addensarsi. Assaggia e regola il condimento a tuo piacimento.

3. Usando un cucchiaio di legno, fai 6 rientranze, o "pozzetti", nella miscela di pomodoro (assicurati che le rientranze siano distanziate). Rompi delicatamente un uovo in ogni rientranza.
4. Abbassare la fiamma, coprire la padella e cuocere a fuoco lento fino a quando gli albumi non si saranno solidificati.
5. Scoprire e aggiungere il prezzemolo fresco e la menta. Puoi aggiungere pepe nero o peperoncino tritato, se lo desideri. Servire con pita calda, pane challah o pane croccante a scelta.

38. Ricetta Falafel

INGREDIENTI

- ❖ 1 ricetta di falafel
- ❖ 1 Ricetta Hummus classico (o hummus all'aglio arrosto, hummus al peperoncino arrosto)
- ❖ 1 Ricetta Baba Ghanoush
- ❖ Formaggio feta o 1 ricetta Labneh
- ❖ 1 ricetta Tabouli
- ❖ 1 o 2 pomodori, affettati
- ❖ 1 cetriolo inglese, a fette
- ❖ 6-7 ravanelli, tagliati a metà o affettati
- ❖ Olive assortite (mi piace un mix di olive verdi e olive kalamata)
- ❖ Carciofi o funghi marinati
- ❖ Early Harvest EVOO e Za'atar da immergere
- ❖ Pane Pita, tagliato in quarti
- ❖ Uva (detergente per tavolozza)
- ❖ Erbe aromatiche fresche per guarnire

PASSI

1. Prepara i falafel secondo questa ricetta. Dovrai iniziare almeno la sera prima a mettere a bagno i ceci. Vedere le note di seguito per lavorare in anticipo. (Puoi anche acquistare i falafel in un negozio mediorientale locale.)
2. Prepara l'hummus secondo questa ricetta e il Baba ghanoush secondo questa ricetta. Potete prepararli entrambi la sera prima e conservarli in frigorifero. Se vuoi, prova l'hummus all'aglio arrosto o l'hummus al peperoncino arrosto per cambiare le cose. (Se non hai tempo, usa hummus di qualità acquistato in negozio.)
3. Affetta il formaggio feta o prepara il Labneh in anticipo secondo questa ricetta.

4. Prepara i tabouli secondo questa ricetta. Può essere preparato con un paio di giorni di anticipo e refrigerato in contenitori di vetro a chiusura ermetica.

5. Per assemblare il tagliere mediterraneo, metti l'hummus, il baba ghanoush, l'olio d'oliva, lo za'atar, i tabouli nelle ciotole. Posiziona la ciotola più grande al centro di una grande tavola di legno o di un piatto per creare un punto focale. Disporre le ciotole rimanenti su diverse parti della tavola o del piatto per creare movimento e forma. Usa gli spazi vuoti delle ciotole per posizionare gli ingredienti rimanenti come falafel, verdure a fette e pane pita. Aggiungete l'uva e guarnite con erbe fresche, se gradite.

39 Ricetta semplice del succo verde

INGREDIENTI

- ❖ 1 mazzetto di cavolo nero (circa 5 once)
- ❖ Zenzero fresco da 1 pollice, sbucciato
- ❖ 1 mela Granny Smith (o una mela grande)
- ❖ 5 gambi di sedano, le estremità mondate
- ❖ ½ cetriolo inglese grande
- ❖ Una manciata di prezzemolo fresco (circa 1 oz)

PASSI

1. Lavate e preparate le verdure. Mi piace tagliarli a pezzi grandi.
2. Spremere nell'ordine indicato (o aggiungerli a un frullatore e frullare a fuoco alto).
3. Se hai usato uno spremiagrumi, versa semplicemente il succo verde nei bicchieri e gustalo immediatamente. Se usassi un frullatore, il succo sarebbe più denso. Puoi versarlo attraverso un colino a maglia fine e, usando il dorso di un cucchiaio, premere la polpa nel setaccio per estrarre quanto più liquido possibile. Versare il succo filtrato nei bicchieri e

40 Insalata Mediterranea

INGREDIENTI

- ❖ 6 pomodori Roma, a dadini (circa 3 tazze di pomodori a cubetti)
- ❖ 1 cetriolo inglese grande (o cetriolo caldo), tagliato a dadini
- ❖ Da ½ a ¾ tazza confezionata / da 15 a 20 g di foglie di prezzemolo fresco tritate
- ❖ sale, quanto basta
- ❖ ½ cucchiaino di pepe nero
- ❖ 1 cucchiaino di Sumac macinato
- ❖ 2 cucchiai di olio extravergine di oliva Early Harvest
- ❖ 2 cucchiaini di succo di limone appena spremuto

PASSI

1. Metti i pomodori a cubetti, i cetrioli e il prezzemolo in una grande insalatiera. Salate e mettete da parte per 4 minuti circa.
2. Aggiungere gli altri ingredienti e mescolare delicatamente l'insalata. Lascia che i sapori si fondano per qualche minuto prima di servire.

41 Salsa grossa di avocado agli agrumi

INGREDIENTI

- ❖ 2 arance Navel, sbucciate e tagliate a cubetti
- ❖ 2 avocado grandi (o 3 avocado più piccoli), snocciolati, sbucciati e tagliati a cubetti
- ❖ ½ tazza / 60 g di cipolle rosse tritate
- ❖ ½ tazza di coriandolo tritato
- ❖ ½ tazza / 7 g di menta fresca tritata
- ❖ ½ tazza / 400 g di cuori di noci, tritati
- ❖ Sale e pepe
- ❖ ¾ cucchiaino Sumac
- ❖ peperoncino di Cayenna
- ❖ Succo di 1 lime
- ❖ Pioggerella abbondante Olio extravergine di oliva greco a vendemmia precoce
- ❖ 49 g di formaggio feta sbriciolato

PASSI

1. Metti le arance, l'avocado, le cipolle rosse, le erbe fresche e le noci in una grande ciotola. Condire con sale, pepe, sommacco e un pizzico di pepe di Caienna.
2. Aggiungere il succo di lime e un generoso filo di Early Harvest EVOO. Mescola delicatamente per amalgamare. Aggiungere il formaggio feta in cima.
3. Servire con le tue patatine salutari preferite.

42 Pomodori Arrosto Rapido con Aglio e Timo

INGREDIENTI

- ❖ 2 Pomodori piccoli da laboratorio, tagliati a metà (io ho usato pomodori Campari)
- ❖ 2-3 spicchi d'aglio, tritati
- ❖ Sale kosher e pepe nero
- ❖ 2 cucchiaini di timo fresco, privati dei gambi
- ❖ 1 cucchiaino di sommacco
- ❖ ½ cucchiaino di peperoncino secco in scaglie, io ho usato il pepe di Aleppo che è più mite
- ❖ Olio extravergine di oliva, ho usato olio extravergine di oliva greco Riserva Privata
- ❖ Feta sbriciolata, facoltativa

PASSI

1. Preriscalda il forno a 450 gradi F.
2. Metti le metà del pomodoro in una grande ciotola. Aggiungere l'aglio tritato, il sale, il pepe, il timo fresco e le spezie. Condire una generosa quantità, circa ¼ di tazza o più, di qualità extravergine di oliva. Mescola sul rivestimento.
3. Trasferisci i pomodori su una teglia con un bordo. Distribuire i pomodori in un unico strato, con la polpa rivolta verso l'alto.
4. Cuocere nel forno caldo per 30-35 minuti o fino a quando i pomodori non sono crollati alla cottura desiderata.
5. Togliere dal fuoco. Se hai intenzione di servirlo presto, sentiti libero di guarnire con altro timo fresco e qualche spolverata di feta. Gustalo caldo oa temperatura ambiente.

43 Insalata greca tradizionale

INGREDIENTI

- ❖ 1 cipolla rossa media
- ❖ 4 pomodori medio succosi
- ❖ 1 cetriolo inglese (cetriolo di serra) parzialmente sbucciato, creando un motivo a strisce
- ❖ 1 peperone verde torsolo
- ❖ Olive greche di Kalamata snocciolate una manciata a proprio piacimento
- ❖ Sale kosher un pizzico
- ❖ 4 cucchiai di olio extravergine di oliva di qualità Ho usato olio d'oliva greco della raccolta precoce
- ❖ 1-2 cucchiai di aceto di vino rosso
- ❖ I blocchi di feta greca non sbriciolano la feta; lasciarlo a pezzi grandi
- ❖ ½ cucchiaio di origano essiccato

PASSI

1. Tagliare a metà la cipolla rossa e affettarla sottilmente a mezzelune. (Se vuoi togliere il bordo, metti le cipolle affettate in una soluzione di acqua ghiacciata e aceto per un po 'prima di aggiungerle all'insalata.)
2. Tagliate i pomodori a spicchi oa grossi pezzi (io ne ho tagliati alcuni a rondelle e il resto a spicchi).
3. Tagliare il cetriolo parzialmente sbucciato a metà nel senso della lunghezza, quindi tagliarlo a metà spesse (almeno ½ pollice di spessore)
4. Affettare sottilmente il peperone a rondelle.
5. Metti tutto in un grande piatto da insalata. Aggiungere una buona manciata di olive kalamata snocciolate.
6. Condire molto leggermente con sale kosher (solo un pizzico) e un po 'di origano essiccato.

7. Versare l'olio d'oliva e l'aceto di vino rosso su tutta l'insalata. Dare a tutto un lancio molto delicato per mescolare (NON mescolare troppo, questa insalata non è pensata per essere maneggiata troppo).
8. Ora aggiungi i blocchi di feta sopra e aggiungi una spolverata di origano essiccato.
9. Servire con crosta di pane.

44 Verdure al forno italiane

INGREDIENTI

- ❖ 8 once di funghi baby Bella puliti, le estremità rifilate
- ❖ 12 oz di patate novelle, strofinate (oppure tagliate le patate a metà oa cubetti a seconda delle dimensioni. Volete che siano piccole)
- ❖ Anche 12 once di pomodori Campari, uva o pomodorini andranno bene
- ❖ 2 zucchine o zucca estiva, tagliate a pezzi da 1 pollice
- ❖ 10-12 spicchi d'aglio grandi sbucciati
- ❖ Olio extravergine d'oliva
- ❖ ½ cucchiaio di origano essiccato
- ❖ 1 cucchiaino di timo essiccato
- ❖ Sale e pepe
- ❖ Parmigiano grattugiato fresco per servire facoltativo
- ❖ Fiocchi di peperone rosso schiacciati (facoltativo)

PASSI

1. Preriscalda il forno a 425 gradi F.
2. Metti i funghi, le verdure e l'aglio in una grande ciotola. Condire generosamente con olio d'oliva (circa ¼ di tazza di olio d'oliva o giù di lì). Aggiungere l'origano essiccato, il timo, il sale e il pepe. Lancia per combinare.
3. Prendete solo le patate e stendetele su una teglia leggermente unta d'olio. Cuocere in forno caldo per 10 minuti. Togliere dal fuoco, quindi aggiungere i funghi e le verdure rimanenti. Tornare al forno ad arrostire per altri 20 minuti

o fino a quando le verdure sono teneri (un po 'di carbonizzazione è buona!)
4. Servire subito con una spolverata di parmigiano grattugiato fresco e scaglie di peperoncino tritato (facoltativo).

45 Insalata di fagioli bianchi

INGREDIENTI

- ❖ 2 barattoli di fagioli bianchi (cannellini), scolati e sciacquati bene
- ❖ 1 cetriolo inglese, a dadini
- ❖ 100 g di uva o pomodorini, tagliati a metà
- ❖ 4 cipolle verdi, tritate
- ❖ 1 tazza di prezzemolo fresco tritato
- ❖ Da 15 a 20 foglie di menta tritate
- ❖ 1 limone, scorza e spremuta
- ❖ Sale e pepe
- ❖ Spezie (1 cucchiaino di Za'atar e ½ cucchiaino di Sumac e Aleppo. Vedere le note per ulteriori opzioni)
- ❖ Olio extravergine di oliva (io ho usato Early Harvest EVOO)
- ❖ Formaggio feta, (facoltativo)

PASSI

1. Aggiungi fagioli bianchi, cetrioli, pomodori, cipolle verdi, prezzemolo e menta in una grande ciotola.
2. Aggiungi la scorza di limone. Condire con sale e pepe, quindi aggiungere za'atar, sommacco e pepe di Aleppo.
3. Terminate con il succo di limone e un abbondante filo d'olio extravergine d'oliva (da 2 a 3 cucchiai). Dare all'insalata un bel lancio per combinare. Assaggia e aggiusta il condimento. Aggiungi la feta, se ti piace. (Per un sapore migliore, lascia riposare l'insalata nel condimento per circa 30 minuti prima di servire.)

46. Cavolfiore arrosto e stufato di ceci

INGREDIENTI

- ❖ 1 ½ cucchiaino di curcuma macinata
- ❖ 1 ½ cucchiaino di cumino macinato
- ❖ 1 ½ cucchiaino di cannella in polvere
- ❖ 1 cucchiaino di coriandolo macinato
- ❖ 1 cucchiaino di paprika dolce
- ❖ 1 cucchiaino di pepe di cayenna (facoltativo)
- ❖ ½ cucchiaino di cardamomo verde macinato
- ❖ 1 cavolfiore a testa intera, diviso in piccoli fiori
- ❖ 5 carote sfuse di medie dimensioni, sbucciate, tagliate a pezzi da 1 ½ "
- ❖ Sale e pepe
- ❖ Riserva privata olio extravergine di oliva
- ❖ 1 cipolla dolce grande, tritata
- ❖ 6 spicchi d'aglio, tritati
- ❖ 2 barattoli da 14 once di ceci, scolati e sciacquati
- ❖ 1 barattolo da 28 once di pomodori a cubetti con il suo succo
- ❖ ½ tazza di prezzemolo foglie di gambo rimosso, tritato grossolanamente
- ❖ Mandorle a scaglie tostate (facoltativo)
- ❖ Pinoli tostati (facoltativo)

PASSI

1. Preriscalda il forno a 475 gradi F.
2. In una piccola ciotola, mescola le spezie.
3. Metti le cimette di cavolfiore e i pezzi di carota su una teglia grande e leggermente unta d'olio. Condire con sale e pepe. Aggiungere un po 'più di ½ della miscela di spezie. Condisci generosamente con olio d'oliva, quindi mescola per assicurarti che le spezie ricoprano uniformemente il cavolfiore e le carote.

4. Cuocere nel forno caldo a 475 gradi F per 20 minuti o fino a quando le carote e il cavolfiore si ammorbidiscono e prendono un po 'di colore. Togliete dal fuoco e mettete da parte per ora. Spegni il forno.

5. In una grande pentola di ghisa o in un forno olandese, scalda 2 cucchiai di olio d'oliva. Aggiungere le cipolle e rosolare per 3 minuti, quindi aggiungere l'aglio e le spezie rimanenti. Cuocere a fuoco medio-alto per altri 2-3 minuti, mescolando continuamente.

6. Ora aggiungi i ceci e i pomodori in scatola. Condire con sale e pepe. Incorporare il cavolfiore e le carote arrostite. Portare il tutto a ebollizione, quindi abbassare la fiamma a una fiamma medio-bassa, coprire parzialmente e cuocere per altri 20 minuti. Assicurati di controllare lo stufato, mescolando di tanto in tanto e aggiungi un po 'd'acqua se necessario.

7. Togliere dal fuoco e trasferire nelle ciotole da portata. Guarnire con prezzemolo fresco e noci tostate (facoltativo). Gustare caldo su un cous cous a cottura rapida o con un contorno di pane pita caldo.

47 Ricetta Insalata Tabouli

INGREDIENTI

- ❖ ½ tazza di grano bulgur extrafine
- ❖ 4 pomodori Roma sodi, tritati molto finemente
- ❖ 1 cetriolo inglese (cetriolo di serra), tritato molto finemente
- ❖ 2 mazzi di prezzemolo, parte dei gambi privati, lavati e ben asciugati, tritati molto finemente
- ❖ 12-15 foglie di menta fresca, private dei gambi, lavate, ben asciugate, tritate molto finemente
- ❖ 4 cipolle verdi, parti bianche e verdi, tritate molto finemente
- ❖ sale
- ❖ 3-4 cucchiai di succo di lime (succo di limone, se preferisci)
- ❖ 3-4 cucchiai di olio extravergine di oliva Early Harvest
- ❖ Foglie di lattuga romana per servire (facoltativo)

PASSI

1. Lavare il bulgur e immergerlo in acqua per 5-7 minuti. Scolare molto bene (strizzare a mano il bulgur per eliminare l'acqua in eccesso). Mettere da parte.
2. Tritare molto finemente le verdure, le erbe e le cipolle verdi come indicato sopra. Assicurati di mettere i pomodori in uno scolapasta per drenare il succo in eccesso.
3. Metti le verdure, le erbe e le cipolle verdi tritate in una terrina o in un piatto. Aggiungere il bulgur e condire con sale. Mescolare delicatamente.
4. Ora aggiungi il succo di lime e l'olio d'oliva e mescola di nuovo.

5. Per ottenere i migliori risultati, coprire i tabuli e conservare in frigorifero per 30 minuti. Trasferisci su un piatto da portata. Se vi piace, servite i tabouli con un contorno di pita e foglie di lattuga romana, che fungono da involtini o "barchette" per i tabouli.
6. Altri antipasti da servire accanto all'insalata di tabouli: Hummus; Baba ganush; o Hummus al pepe rosso arrosto

48 Ricetta Insalata Di Anguria Mediterranea

INGREDIENTI

- ❖ Per la vinaigrette al miele
- ❖ 2 cucchiai di miele
- ❖ 2 cucchiai di succo di lime
- ❖ 1 o 2 cucchiai di olio extravergine di oliva di qualità (io ho usato la raccolta precoce greca)
- ❖ pizzico di sale
- ❖ Per l'insalata di anguria
- ❖ ½ anguria, sbucciata, tagliata a cubetti
- ❖ 1 cetriolo inglese (o Hot House), a cubetti (circa 2 tazze di cetrioli a cubetti)
- ❖ 15 foglie di menta fresca, tritate
- ❖ 15 foglie di basilico fresco, tritate
- ❖ ½ tazza di formaggio feta sbriciolato, più a tuo piacimento

PASSI

1. In una piccola ciotola, sbatti insieme il miele, il succo di lime, l'olio d'oliva e un pizzico di sale. Metti da parte per un momento.
2. In una grande ciotola o in un piatto da portata con i lati, unisci l'anguria, i cetrioli e le erbe fresche.
3. Completare l'insalata di anguria con la vinaigrette al miele e mescolare delicatamente per unire. Completare con la feta e servire.

49 Zucchine al forno con parmigiano e timo

INGREDIENTI

- ❖ 3-4 zucchine mondate e tagliate in quarti (bastoncini) nel senso della lunghezza
- ❖ Olio extravergine di oliva Ho usato olio extravergine di oliva greco Riserva Privata
- ❖ Per farcire il parmigiano e il timo:
- ❖ ½ tazza di parmigiano grattugiato
- ❖ 2 cucchiaini di timo fresco non lascia gambi
- ❖ 1 cucchiaino di origano essiccato
- ❖ ½ cucchiaino di paprika dolce Ho usato questa paprika tutta naturale
- ❖ ½ cucchiaino di pepe nero
- ❖ un pizzico di sale kosher

PASSI

1. Riscaldare il forno a 350 gradi F.
2. In una ciotola, mescola il parmigiano grattugiato, il timo e le spezie fino a quando non sono ben amalgamati.
3. Preparare una grande teglia da forno ricoperta da una griglia da forno come questa. Spennellare leggermente la griglia con olio extravergine di oliva (o utilizzare uno spray da cucina salutare). Disporre i bastoncini di zucchine, con la pelle rivolta verso il basso, sulla griglia e spennellare ogni bastoncino di zucchine con olio extravergine di oliva.
4. Cospargere la guarnizione di parmigiano e timo su ogni bastoncino di zucchine
5. Cuocere in forno caldo per 15-20 minuti o finché sono teneri. Quindi, per una copertura dorata croccante, cuocere per altri 2 o 3 minuti, osservando attentamente.

6. Servire subito come antipasto con un contorno di tzatziki o hummus da inzuppare! Oppure servilo come contorno accanto alla tua proteina preferita.

50 Insalata di ceci mediterranea caricata

INGREDIENTI

- ❖ 1 melanzana grande, affettata sottilmente (non più di ¼ di pollice di spessore)
- ❖ sale
- ❖ olio per friggere, preferibilmente olio extravergine di oliva
- ❖ 1 tazza di ceci cotti o in scatola, scolati
- ❖ 3 cucchiai di spezie Za'atar, divise
- ❖ 3 pomodori Roma, a dadini
- ❖ ½ cetriolo inglese, a dadini
- ❖ 1 cipolla rossa piccola, affettata a ½ lune
- ❖ 1 tazza di prezzemolo tritato
- ❖ 1 tazza di aneto tritato
- ❖ Per la vinaigrette all'aglio:
- ❖ 1-2 spicchi d'aglio, tritati
- ❖ 1 lime grande, succo di
- ❖ ⅓ tazza di olio extravergine di oliva Early Harvest
- ❖ Sale + Pepe

PASSI

1. Preparare le melanzane (facoltativo) Disporre le melanzane a fette su una grande teglia e cospargere generosamente di sale. Lasciate riposare per 30 minuti (le melanzane "suderanno" la loro amarezza mentre si siedono.) Ora foderate un altro grande vassoio o teglia con un sacchetto di carta ricoperto con un tovagliolo di carta e posizionatelo vicino al fornello.

2. Cuoci le melanzane (facoltativo). Asciugare le melanzane tamponando. Riscaldare da 4 a 5 cucchiai di olio extravergine di oliva a fuoco medio / medio-alto fino a quando non diventa brillante ma non fumante. Friggere le melanzane

128

nell'olio in lotti (farlo con attenzione e non riempire la padella). Quando le fette di melanzane diventano dorate da un lato, girarle e friggerle dall'altro. Rimuovere le fette di melanzane con una spatola scanalata e disporle sulla teglia foderata di carta da cucina per scolarle e raffreddarle.

3. Una volta raffreddate, assemblare le melanzane su un piatto da portata. Cospargere con 1 cucchiaio di Za'atar.

4. Prepara l'insalata di ceci. In una ciotola media, unisci i pomodori, i cetrioli, i ceci, le cipolle rosse, il prezzemolo e l'aneto. Aggiungi il rimanente Za'atar e mescola delicatamente.

5. Prepara il condimento. In una piccola ciotola, sbatti insieme il condimento. Condire 2 cucchiai di condimento per insalata sulle melanzane fritte; versare il restante condimento sull'insalata di ceci e mescolare.

6. Aggiungere l'insalata di ceci al piatto da portata con le melanzane.

CONCLUSIONE

La dieta mediterranea non è una dieta unica, ma piuttosto un modello alimentare che prende ispirazione dalla dieta dei paesi dell'Europa meridionale. C'è un'enfasi su cibi vegetali, olio d'oliva, pesce, pollame, fagioli e cereali.

9 781801 978422